«Als die Vögel vergaßen, Vögel zu sein» mit
dem Originaltitel «Bandada» gewann
den «5. Internationalen Preis von Compostela
für illustrierte Bücher».

Der Jury gehörten an:
Ángel Currás Fernández, Xan López Domínguez,
Felicidad Orquín, Xosé Manuel Rodríguez-Abella,
Manuela Rodríguez Lorenzo und Beatriz Varela.

Original title: «Bandada»;
Text and Illustrations by María Julia Díaz Garrido and David Daniel Álvarez Hernández;
© 2012 Kalandraka Editora, Spain

Alle Rechte der deutschsprachigen Ausgabe:
© 2014 aracari verlag rights & licenses ag, Zürich, Switzerland, www.aracari.ch;
1. Auflage 2015

Als die Vögel vergaßen, Vögel zu sein
Text und Illustrationen: María Julia Díaz Garrido und David Daniel Álvarez Hernández;
ISBN: 978-3-905945-51-5;
Lektorat: Maria Werner; Übersetzung: Lydia Thiessen; Herstellung: STUDIO-Basel.ch;
Druck: Grafisches Centrum Cuno Calbe GmbH Co. KG

Die Deutsche Nationalbibliothek verzeichnet diese Publikation in der Deutschen
Nationalbibliografie; detaillierte bibliografische Daten sind im Internet
abrufbar über http://dnb.dnb.de.

 Finde uns auf Facebook unter http://www.facebook.com/aracariverlag

María Julia Díaz Garrido   David Daniel Álvarez Hernández

Als die Vögel vergaßen, Vögel zu sein

aracari verlag

Eines Tages wendeten die Vögel ihren Blick
von den Zweigen und Blättern ab
und stellten sich ein anderes Leben vor.

So begann ein neues Zeitalter.

Sie erklärten ihren Jungen das Wie und Warum von allem,
was es auf der Welt gibt.

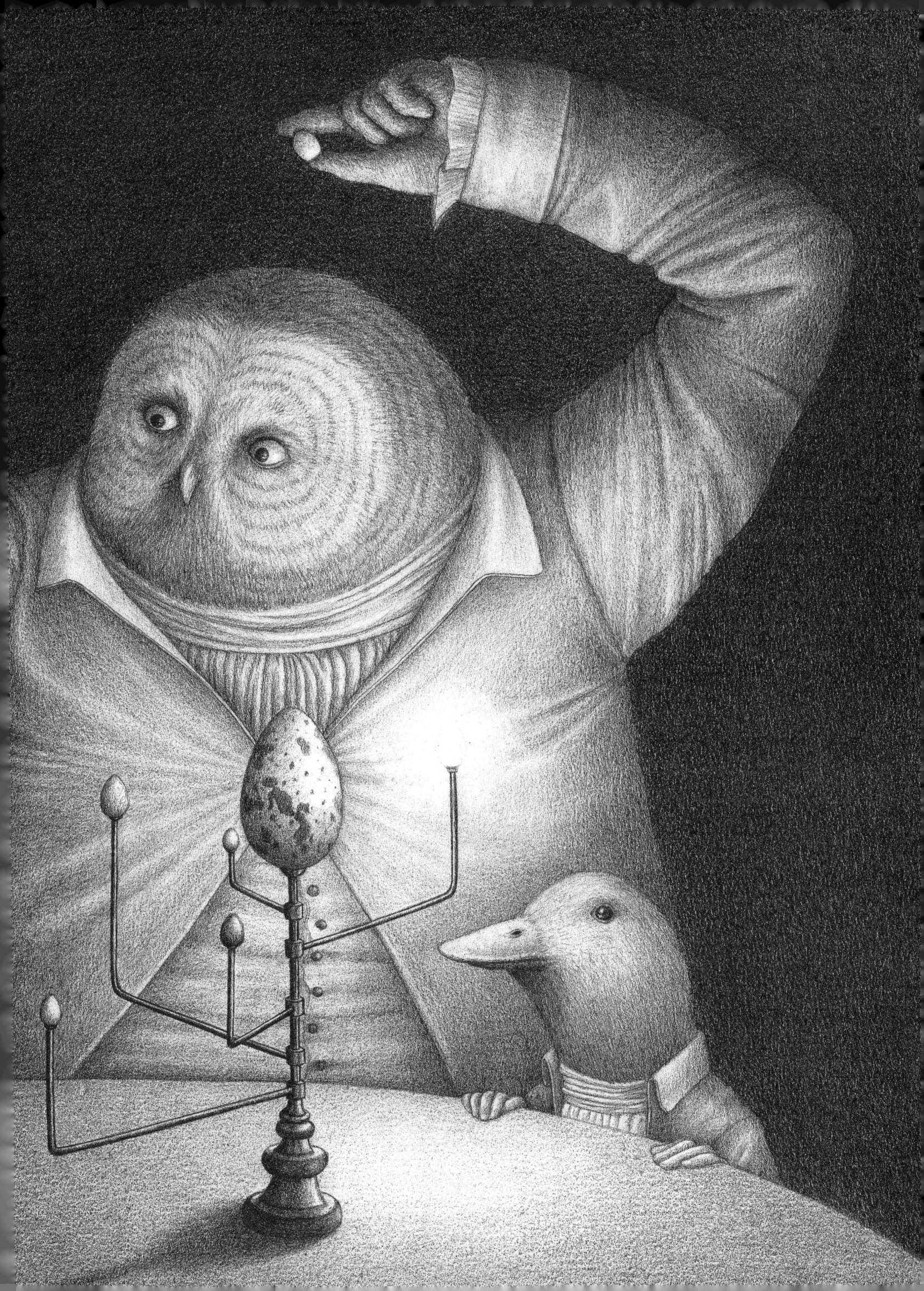

Sie bauten die schönsten Nester,
die man je gesehen hatte.

Sie entwickelten andere Flugmethoden.

Doch schon sehr bald fingen sie an, zu weit zu gehen.

Sie suchten das Einfache, das Praktische
und das Bequeme ...

Sie wünschten sich Dinge, die niemand haben kann.

Und sie wurden immer mehr.

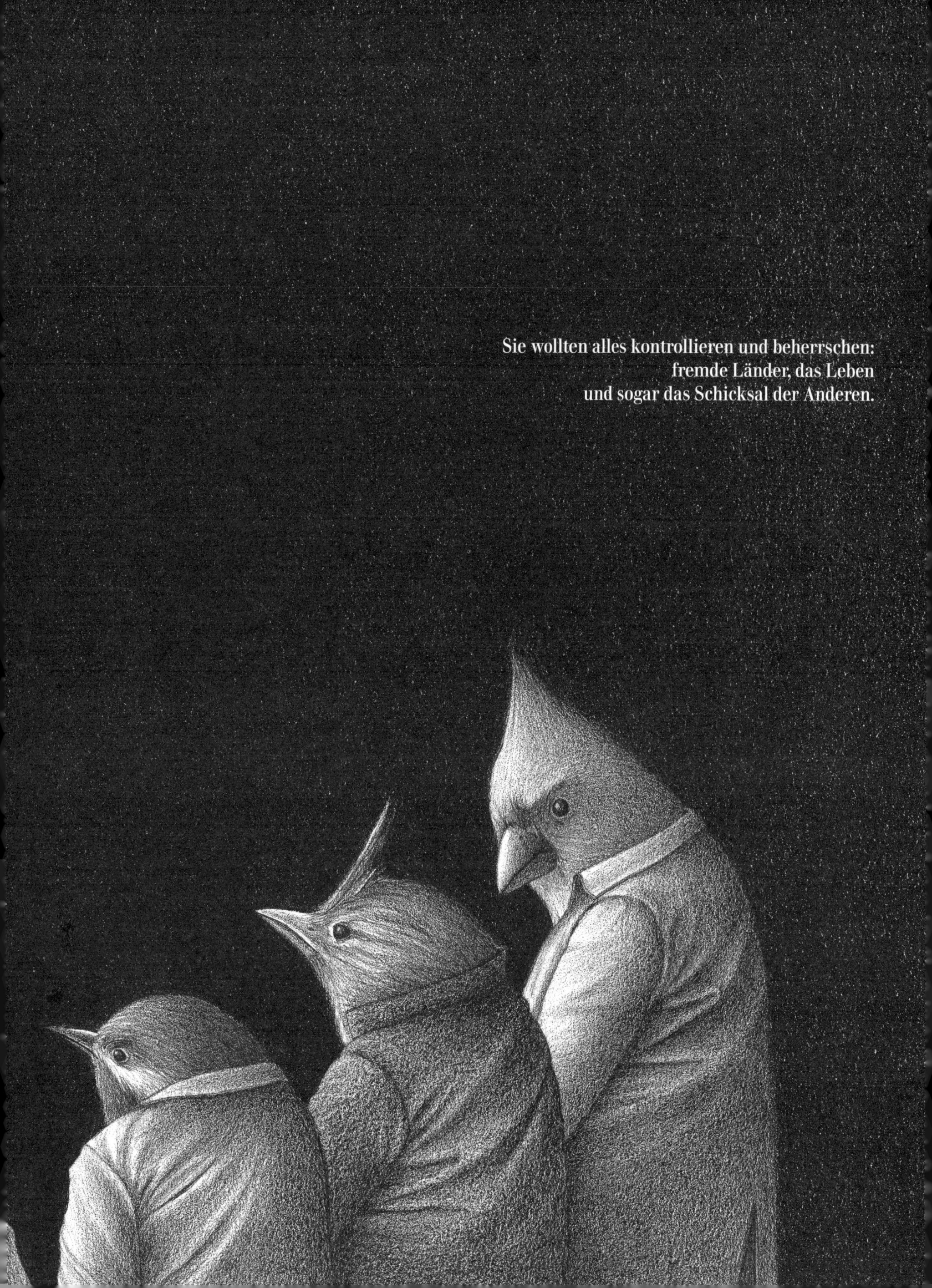

Sie wollten alles kontrollieren und beherrschen:
fremde Länder, das Leben
und sogar das Schicksal der Anderen.

Aber den Umgang, das Verhalten und das Verständnis
untereinander kontrollierten sie nicht.

Zum Glück gab es aber irgendwo noch jemanden,
der sich einfach nur wünschte,
seine Flügel auszubreiten und fliegen zu lernen.